**W9-CNL-440**

# Агния Барто
# Лучшие стихи

МОСКВА
РОСМЭН
2019

# Стихи для самых маленьких

# Игрушки

## Бычок

Идёт бычок, качается,
Вздыхает на ходу:
— Ох, доска кончается,
Сейчас я упаду!

# Мишка

Уронили мишку на пол,
Оторвали мишке лапу.
Всё равно его не брошу —
Потому что он хороший.

# Самолёт

Самолёт построим сами,
Понесёмся над лесами.
Понесёмся над лесами,
А потом вернёмся к маме.

# Слон

Спать пора! Уснул бычок,
Лёг в коробку на бочок.

Сонный мишка лёг в кровать,
Только слон не хочет спать.

Головой кивает слон,
Он слонихе шлёт поклон.

## Лошадка

Я люблю свою лошадку,
Причешу ей шёрстку гладко,
Гребешком приглажу хвостик
И верхом поеду в гости.

# Грузовик

Нет, напрасно мы решили
Прокатить кота в машине:
Кот кататься не привык —
Опрокинул грузовик.

## Мячик

Наша Таня громко плачет:
Уронила в речку мячик.
— Тише, Танечка, не плачь:
Не утонет в речке мяч.

# Зайка

Зайку бросила хозяйка, —
Под дождём остался зайка.
Со скамейки слезть не мог,
Весь до ниточки промок.

# Кораблик

Матросская шапка,
Верёвка в руке,
Тяну я кораблик
По быстрой реке,
И скачут лягушки
За мной по пятам
И просят меня:
— Прокати, капитан!

# Козлёнок

У меня живёт козлёнок,
Я сама его пасу.
Я козлёнка в сад зелёный
Рано утром отнесу.

Он заблудится в саду —
Я в траве его найду.

# Флажок

Горит на солнышке
Флажок,
Как будто я
Огонь зажёг.

# Барабан

Левой, правой!
Левой, правой!
На парад
Идёт отряд.

На парад
Идёт отряд.
Барабанщик
Очень рад:

Барабанит,
Барабанит
Полтора часа
Подряд!

Левой, правой!
Левой, правой!
Барабан
Уже дырявый!

# Машенька

Кто, кто
В этой комнате живёт?
Кто, кто
Вместе с солнышком встаёт?

Это Машенька проснулась,
С боку на бок повернулась
И, откинув одеяло,
Вдруг сама на ножки встала.

Здесь не комната большая —
Здесь огромная страна.
Два дивана-великана,
Вот зелёная поляна —
Это коврик у окна.

* * *

Потянулась Машенька
К зеркалу рукой,
Удивилась Машенька:
«Кто же там такой?»

Она дошла до стула,
Немножко отдохнула,
Постояла у стола
И опять вперёд пошла.

\* \* \*

Сорока-ворона
Кашку варила,
Кашку варила
Маше говорила:
— Сначала кашку скушай,
Потом сказку слушай!

19

\* \* \*

Стала Маша подрастать.
Надо дочку воспитать.
Есть у Маши дочка —
Ей скоро полгодочка.

\* \* \*

Нарисуем огород,
Там смородина растёт —
Два куста смородины,
Ягоды, как бусины.
Чёрные — Володины,
Красные — Марусины.

* * *

Целый день поёт щегол
В клетке на окошке.
Третий год ему пошёл,
А он боится кошки.

А Маша не боится
Ни кошки, ни щегла.
Щеглу дала напиться,
А кошку прогнала.

\* \* \*

Встали девочки в кружок,
Встали и примолкли.
Дед Мороз огни зажёг
На высокой ёлке.

Наверху звезда,
Бусы в два ряда.
Пусть не гаснет ёлка,
Пусть горит всегда!

23

\* \* \*

Часы пробили восемь.
Сейчас затихнет дом,
Сейчас платок набросим
На клетку со щеглом.

Есть у Маши дочка,
Ей скоро полгодочка.
Она лежит не плачет,
Глаза от света прячет.
Чтоб у нас она спала,
Снимем лампу со стола.

\* \* \*

Ходят тени по стене,
Будто птицы в тишине
Стаями летят.
Кошка сердится во сне
На своих котят.

Мы спать ложимся рано,
Сейчас закроем шторы,
Диваны-великаны
Теперь стоят, как горы…

Баю-баюшки-баю,
Баю Машеньку мою.

## Лягушата

Пять зелёных лягушат
В воду броситься спешат —
Испугались цапли!
А меня они смешат:
Я же этой цапли
Не боюсь ни капли!

## Ути-ути

Рано, рано утречком
Вышла мама-уточка
Поучить утят.

Уж она их учит, учит!
Вы плывите, у́ти-у́ти,
Плавно, в ряд.

Хоть сыночек не велик,
Не велик,
Мама тру́сить не велит,
Не велит.

— Плыви, плыви,
Утёныш,
Не бойся,
Не утонешь.

# Зайка в витрине

Зайка сидит в витрине.
Он в серенькой шубке из плюша.
Сделали серому зайке
Слишком длинные уши.

В плюшевой шубке серой
Сидит он, прижавшись к раме,
Ну как тут казаться храбрым
С такими большими ушами?

# Резиновая Зина

Купили в магазине
Резиновую Зину,
Резиновую Зину
В корзинке принесли.
Она была разиней
Резиновая Зина,
Упала из корзины,
Измазалась в грязи.
Мы вымоем в бензине
Резиновую Зину,
Мы вымоем в бензине
И пальцем погрозим:
Не будь такой разиней,
Резиновая Зина,
А то отправим Зину
Обратно в магазин.

# Мой пёс

Мой пёс простудился
И стал безголосым.
Котёнок шмыгнул
У него перед носом,
А бедный больной
Даже тявкнуть не мог.
Вот до чего
Тяжело занемог!

# Воробей

Воробей по лужице
Прыгает и кружится.
Пёрышки взъерошил он,
Хвостик распушил.
Погода хорошая!
Чил-чив-чил!

# Дело было в январе

Дело было в январе,
Стояла ёлка на горе,
А возле этой ёлки
Бродили злые волки.

Вот как-то раз,
Ночной порой,
Когда в лесу так тихо,
Встречают волка под горой
Зайчата и зайчиха.

Кому охота в Новый год
Попасться в лапы волку!
Зайчата бросились вперёд
И прыгнули на ёлку.

Они прижали ушки,
Повисли, как игрушки.

Десять маленьких зайчат
Висят на ёлке и молчат —
Обманули волка.
Дело было в январе, —
Подумал он, что на горе
Украшенная ёлка.

# Сторож

Сидеть надоело мне
Лапы сложа,
Я очень хотел бы
Пойти в сторожа.

Висит объявленье
У наших ворот:
Собака нужна
Сторожить огород.

Ты меня знаешь —
Я храбрый щенок:
Появится кошка —
Собью её с ног.

Я тявкать умею,
Умею рычать,
Умею своих
От чужих отличать.

Котята боятся меня
Как огня.
Скажи мне по совести:
Примут меня?

# Фонарик

Мне не скучно без огня —
Есть фонарик у меня.
На него посмотришь днём —
Ничего не видно в нём,
А посмотришь вечерком —
Он с зелёным огоньком.
Это в баночке с травой
Светлячок сидит живой.

# Раковина

Я раковину эту
В коробке берегу.
Она лежала раньше
В песке на берегу.

Мой дедушка
С Кавказа
Привёз её с собой.
Её приложишь к уху —
А в ней шумит прибой
И ветер гонит волны…

И в комнате у нас
Мы можем слушать море,
Как будто здесь Кавказ.

*Написано вместе с Павлом Барто*

# Девочка-ревушка

Что за вой? Что за рёв?
Там не стадо ли коров?
Нет, там не коровушка —
Это Ганя-ревушка

Плачет,
Заливается,
Платьем утирается...
Уу-уу-у!..

Вышла рёва на крыльцо,
Рёва сморщила лицо:
— Никуда я не пойду!
Мне не нравится в саду.
Уу-уу-у!..

Вот вернулась Ганя в дом,
Слёзы катятся ручьём:
— Ой, пойду обратно!
Дома неприятно!
Оо-оо-о!..

Дали Гане молока.
— Эта кружка велика!
В этой не могу я!
Дайте мне другую!
Уу-уу-у!..

Дали ревушке в другой,
Рёва топнула ногой:
— В этой не желаю!
Лучше дайте чаю!
Аа-аа-а!..

Уложили Ганю спать,
Плачет рёвушка опять:
— Ой, не буду спать я!
Ой, наденьте платье!
Уу-уу-у!..

Тут сбежался народ,
Чтоб узнать: кто ревёт?
Кто всё время плачет?
Что всё это значит?

Видят — девочка стоит,
Очень странная на вид:
Нос распух, что свёкла,
Платье всё промокло.
Оо-оо-о!..
Уу-уу-у!..

— Что ты плачешь, рёвушка,
Рёвушка-коровушка?
На тебе от сырости
Плесень может вырасти.

*Написано вместе с Павлом Барто*

# Девочка чумазая

— Ах ты, девочка чумазая,
где ты руки так измазала?
Чёрные
ладошки;
на локтях —
дорожки.

— Я на солнышке
лежала,
руки кверху
держала.
ВОТ ОНИ И ЗАГОРЕЛИ.

— Ах ты, девочка чумазая,
где ты носик так измазала?
Кончик носа чёрный,
будто закопчённый.

— Я на солнышке
лежала,
нос кверху
держала.
ВОТ ОН И ЗАГОРЕЛ.

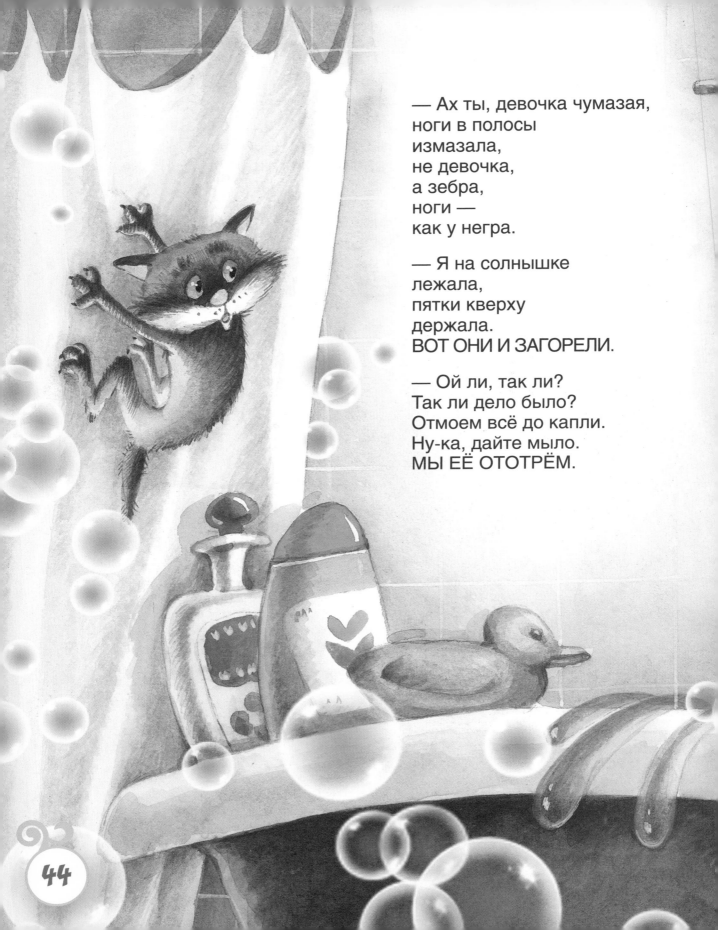

— Ах ты, девочка чумазая,
ноги в полосы
измазала,
не девочка,
а зебра,
ноги —
как у негра.

— Я на солнышке
лежала,
пятки кверху
держала.
ВОТ ОНИ И ЗАГОРЕЛИ.

— Ой ли, так ли?
Так ли дело было?
Отмоем всё до капли.
Ну-ка, дайте мыло.
МЫ ЕЁ ОТОТРЁМ.

Громко девочка кричала,
как увидела мочалу,
цапалась,
как кошка:
— Не трогайте
ладошки!
Они не будут белые:
они же загорелые.
А ЛАДОШКИ-ТО ОТМЫЛИСЬ.

Оттирали губкой нос —
разобиделась до слёз:
— Ой, мой бедный
носик!
Он мыла
не выносит!
Он не будет белый:
он же загорелый.
А НОС ТОЖЕ ОТМЫЛСЯ.

Отмывали полосы —
кричала громким
голосом:
— Ой, боюсь щекотки!
Уберите щётки!
Не будут пятки белые,
они же загорелые.
А ПЯТКИ ТОЖЕ ОТМЫЛИСЬ.

— Вот теперь ты белая,
Ничуть не загорелая.
ЭТО БЫЛА ГРЯЗЬ.

# Помощница

У Танюши дел немало,
У Танюши много дел:
Утром брату помогала,
Он с утра конфеты ел.

Вот у Тани сколько дела:
Таня ела, чай пила,
Села, с мамой посидела,
Встала, к бабушке пошла.

Перед сном сказала маме:
— Вы меня разденьте сами,
Я устала, не могу,
Я вам завтра помогу.

## Сто одёжек

Лиф на байке,
Три фуфайки,
На подкладке
Платьице.
Шарф на шее,
Шаль большая,
Что за шарик
Катится?

Сто одёжек,
Сто застёжек.
Слова вымолвить
Не может.
«Так меня
Закутали,
Что я не знаю,
Тут ли я?»

## Не одна

Мы не ели, мы не пили,
Бабу снежную лепили.

Снег февральский слабый, слабый,
Мялся под рукой,
Но как раз для снежной бабы
Нужен нам такой.

Нам работать было жарко,
Будто нет зимы,
Будто взял февраль у марта
Тёплый день взаймы.

Улыбаясь, как живая,
В парке, в тишине,
Встала баба снеговая
В белом зипуне.

Но темнеет — вот досада! —
Гаснет свет зари,
По домам ребятам надо,
Что ни говори!

Вдруг нахмурилась Наталка,
Ей всего лет пять,
Говорит: — Мне бабу жалко,
Что ж ей тут стоять?

Скоро стихнет звон трамвая
И взойдёт луна,
Будет баба снеговая
Под луной одна?!

Мы столпились возле бабы,
Думали — как быть?
Нам подружку ей хотя бы
Нужно раздобыть.

Мы не ели, мы не пили,
Бабу новую слепили.

Скоро стихнет звон трамвая
И взойдёт луна,
Наша баба снеговая
Будет не одна.

# Придумываю сны

Темно и тихо за окном,
И люди спать должны...
Сама себе я перед сном
Придумываю сны.

Замолкли в доме голоса,
Но будут птицы петь,
Потом приснится мне лиса.
И даже сам медведь...

Идёт медведь,
Идёт, бредёт,
Меня он по лесу ведёт,
Он мне даёт отведать мёд,
И я сижу и ем.

Он угощает медвежат,
Они волнуются, визжат:
А вдруг не хватит всем?

Но тут как начал мой медведь
Звериным голосом реветь!

И наступила сразу тьма.
Ревёт сердитый зверь...

Я сон придумала сама,
Но не засну теперь.

Наташе

# Мы не заметили жука

Мы не заметили жука
И рамы зимние закрыли,
А он живой,
Он жив пока,
Жужжит в окне,
Расправив крылья...

И я зову на помощь маму:
— Там жук живой!
Раскроем раму!

# Гуси-лебеди

Малыши среди двора
Хоровод водили.
В гуси-лебеди игра,
Серый волк — Василий.

— Гуси-лебеди, домой!
Серый волк под горой!

Волк на них и не глядит,
Волк на лавочке сидит.

Собрались вокруг него
Лебеди и гуси.
— Почему ты нас не ешь? —
Говорит Маруся.

— Раз ты волк, так ты не трусь! —
Закричал на волка гусь. —
От такого волка
Никакого толка!

Волк ответил: — Я не трушу,
Нападу на вас сейчас,
Я доем сначала грушу,
А потом примусь за вас!

# Игра в стадо

Мы вчера играли в стадо,
И рычать нам было надо.
Мы рычали и мычали,
По-собачьи лаяли,
Не слыхали замечаний
Анны Николаевны.

А она сказала строго:
— Что за шум такой у вас?
Я детей видала много —
Таких я вижу в первый раз.

Мы сказали ей в ответ:
— Никаких детей тут нет!
Мы не Пети и не Вовы —
Мы собаки и коровы!

И всегда собаки лают,
Ваших слов не понимают.
И всегда мычат коровы,
Отгоняя мух.

А она в ответ: — Да что вы?
Ладно, если вы коровы,
Я тогда — пастух.
И прошу иметь в виду:
Я коров домой веду.

# Но поймите и меня

Я считаюсь эгоистом, —
Спит сестрёнка за стеной,
Я же с гиканьем, со свистом
В дом врываюсь как шальной.

Но поймите и меня!
Не успел я слезть с коня.
Не качайте головой,
Я же всадник, верховой!

А недавно было дело, —
Я пропал средь бела дня.
Мама даже похудела.
Но поймите и меня!

Мне кричат: — Серёжа, где ты? —
Но в ответ я ни гугу.
Я лечу вокруг планеты
И ответить не могу.

И вчера мне зря попало,
Я не думал о плохом,
У меня овца пропала,
Я как раз был пастухом.

Я носился среди скал,
Я овцу везде искал.
— Ты куда? — кричит соседка. —
Здесь же лестничная клетка!

Я сказал ей: — Тётя Женя,
Нет у вас воображенья.
Здесь высокая скала. —
Но она не поняла.

На меня из-за овцы
Раскричались все жильцы.

Я и сам не знаю толком:
Виноват я или нет?..

А однажды был я волком,
За девчонкой мчался вслед.
И совсем она не знала,
Эта девочка с косой,
И совсем она не знала,
Что она была лисой.

# Олень

Не заснёт никак Серёжа,
Он разглядывает лёжа
Тонконогого оленя
На лужайке вдалеке —
Тонконогого оленя
Высоко на потолке.

Он красивый, величавый,
Он стоит, подняв рога,
А вокруг темнеют травы,
Расстилаются луга.

Встал Серёжа на коленки,
Поглядел на потолок,
Видит — трещинки на стенке.
Удивился он и лёг.

Сказал на следующий день,
Когда открыли шторы:
— Я знаю, это был олень,
Но он умчался в горы.

# Я выросла

Мне теперь не до игрушек —
Я учусь по букварю,
Соберу свои игрушки
И Серёже подарю.

Деревянную посуду
Я пока дарить не буду.
Заяц нужен мне самой —
Ничего, что он хромой,

А медведь измазан слишком...
Куклу жалко отдавать:
Он отдаст её мальчишкам
Или бросит под кровать.

Паровоз отдать Серёже?
Он плохой, без колеса...
И потом, мне нужно тоже
Поиграть хоть полчаса!

Мне теперь не до игрушек —
Я учусь по букварю...
Но я, кажется, Серёже
Ничего не подарю.

Я расту

# Я расту

А я не знал, что я расту
Всё время, каждый час.
Я сел на стул —
Но я расту,
Расту, шагая в класс.

Расту,
Когда гляжу в окно,
Расту,
Когда сижу в кино,
Когда светло,
Когда темно,
Расту,
Расту я всё равно.

Идёт борьба
За чистоту,
Я подметаю
И расту.

Сажусь я с книжкой
На тахту,
Читаю книжку
И расту.

Стоим мы с папой
На мосту,
Он не растёт,
А я расту.

Отметку ставят мне
Не ту,
Я чуть не плачу,
Но расту.

Расту и в дождик,
И в мороз,
Уже я маму
Перерос!

# По дороге в класс

Спешил Никита на урок.
Шёл, не сбавляя шага.
Вдруг на него рычит щенок,
Кудлатая дворняга.

Никита — взрослый! Он не трус!
Но шла Танюша рядом.
Она сказала: — Ой, боюсь! —
И сразу слёзы градом.

Но тут её Никита спас,
Он проявил отвагу,
Сказал: — Иди спокойно в класс! —
И отогнал дворнягу.

Его Танюша по пути
Благодарит за смелость.
Ещё разок её спасти
Никите захотелось.

— Ты потеряешься в лесу,
А я приду — тебя спасу! —
Он предложил Танюшке.

— Ну нет! — ответила она. —
Я не пойду гулять одна,
Со мной пойдут подружки.

— Ты можешь в речке утонуть!
Вот утони когда-нибудь! —
Ей предложил Никита. —
Не дам тебе пойти ко дну!

— Я и сама не утону! —
Она в ответ сердито.

Она его не поняла...
Но ведь не в этом дело!
Он всю дорогу до угла
Спасал Танюшу смело.
В мечтах её от волка спас...
Но тут пришли
              ребята в класс.

# Что делать с Алексеем?

Что делать с Алексеем?
Он до того рассеян!
Он ворота школьные
Принял за футбольные.

Беда с ним, да и только!
Уроки учит редко
И говорит, что тройка —
Прекрасная отметка.

Не раз его стыдили,
К директору водили
И объясняли долго,
Что значит чувство долга...

Но он привык к упрёкам —
Дремал он за уроком.

Вдруг села с ним девчонка.
Она над ним хохочет,
То засмеётся звонко:
— Смотрите, вот так почерк! —
То шепчет: — Лежебока!
Пришёл к концу урока!

Не сдал он в понедельник
Домашнюю работу,
Она кричит: — Бездельник!
Не сдаст он и в субботу!

Закрылся он тетрадкой —
Хотел зевнуть украдкой,
Она смеётся снова!
А что же тут смешного?!

Теперь девчонка эта
Сживёт его со света!

Нет, он её проучит:
Он в четверти получит
Назло своей соседке
Приличные отметки.

Вот он исправит почерк —
Пускай тогда хохочет!

79

# Петя утомлён

Петя взял «Родную речь»,
На диван решил прилечь.

— Дайте что-нибудь принять...
Витамины, что ли...
Слабость чувствовал опять
Я сегодня в школе.

Мать меняется в лице,
Витамины А, Б, Ц
Предлагает Пете.
(Витамины А, Б, Ц
Очень любят дети.)

Мать на Петеньку глядит
И, вздохнув украдкой,
Просит: пусть он не сидит
Долго над тетрадкой.

— Что ж, пожалуй, ты права, —
Стонет хитрый малый, —
Отдохну часочка два...
Я такой усталый!

Сунул в шкаф
«Родную речь»,
И гора свалилась
С плеч.

Витамины А, Б, Ц
Катает кошка на крыльце.

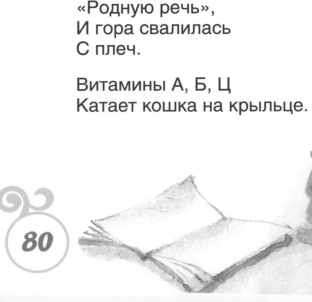

# Любочка

Синенькая юбочка,
Ленточка в косе.
Кто не знает Любочку?
Любу знают все.

Девочки на празднике
Соберутся в круг.
Как танцует Любочка!
Лучше всех подруг.

Кружится и юбочка,
И ленточка в косе.
Все глядят на Любочку,
Радуются все.

Но если к этой Любочке
Вы придёте в дом,
Там вы эту девочку
Узнаете с трудом.

Она кричит ещё с порога,
Объявляет на ходу:
— У меня уроков много,
Я за хлебом не пойду!

Едет Любочка в трамвае —
Она билета не берёт.
Всех локтями раздвигая,
Пробирается вперёд.

Говорит она, толкаясь:
— Фу! Какая теснота! —
Говорит она старушке:
— Это детские места.
— Ну садись! — вздыхает та.

Синенькая юбочка,
Ленточка в косе.
Вот какая Любочка
Во всей своей красе.

Случается, что девочки
Бывают очень грубыми,
Хотя необязательно
Они зовутся Любами.

# Сонечка

Тронь её нечаянно —
Сразу: — Караул!
Ольга Николаевна,
Он меня толкнул!

— Ой, я укололась! —
Слышен Сонин голос. —
Мне попало что-то в глаз,
Я пожалуюсь на вас!

Дома снова жалобы:
— Голова болит...
Я бы полежала бы —
Мама не велит.

Сговорились мальчики:
— Мы откроем счёт:
Сосчитаем жалобы —
Сколько будет в год?

Испугалась Сонечка
И сидит тихонечко.

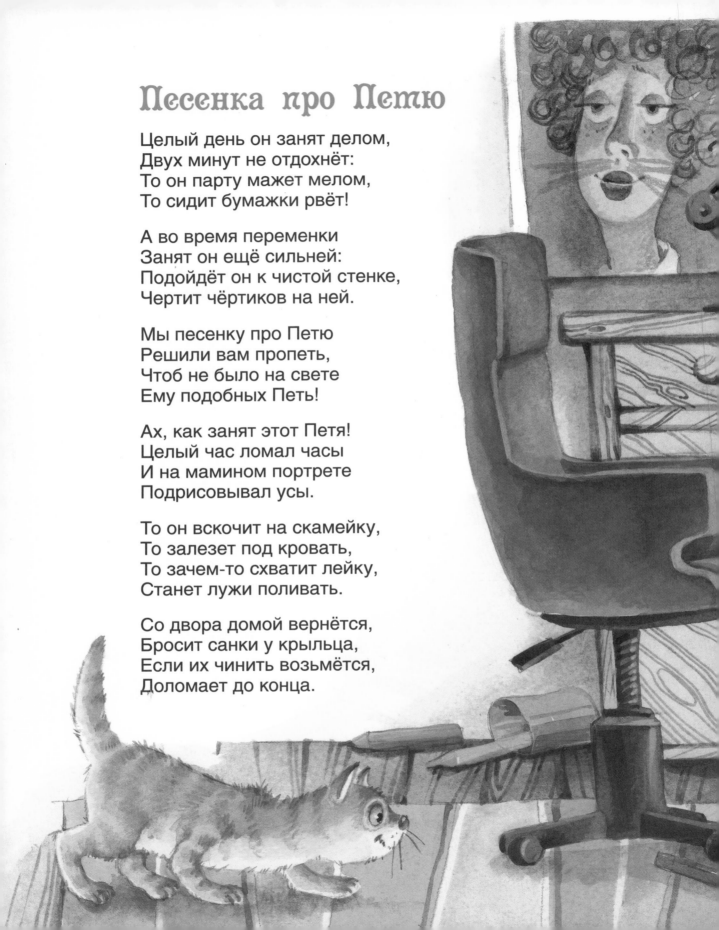

# Песенка про Петю

Целый день он занят делом,
Двух минут не отдохнёт:
То он парту мажет мелом,
То сидит бумажки рвёт!

А во время переменки
Занят он ещё сильней:
Подойдёт он к чистой стенке,
Чертит чёртиков на ней.

Мы песенку про Петю
Решили вам пропеть,
Чтоб не было на свете
Ему подобных Петь!

Ах, как занят этот Петя!
Целый час ломал часы
И на мамином портрете
Подрисовывал усы.

То он вскочит на скамейку,
То залезет под кровать,
То зачем-то схватит лейку,
Станет лужи поливать.

Со двора домой вернётся,
Бросит санки у крыльца,
Если их чинить возьмётся,
Доломает до конца.

То промчится он вприпрыжку,
То залезет на чердак...
Взяться некогда за книжку —
Слишком занят он и так!

Мы песенку про Петю
Решили вам пропеть,
Чтоб не было на свете
Ему подобных Петь!

# Королева

Если до сих пор нигде вы
Не встречали королевы, —
Поглядите — вот она!
Среди нас живёт она.

Всем направо и налево
Объявляет королева:

— Где мой плащ? Его повесьте!
Почему он не на месте?

У меня портфель тяжёлый —
Донесёшь его до школы!

Я дежурной поручаю
Принести мне кружку чаю,
И купите мне в буфете
Каждый, каждый по конфете.

Королева в третьем классе,
А зовут её Настасьей.

Бант у Насти
Как корона,
Как корона
Из капрона.

# В театре

Когда мне было
Восемь лет,
Я пошла
Смотреть балет.

Мы пошли с подругой Любой,
Мы в театре сняли шубы,
Сняли тёплые платки.
Нам в театре, в раздевалке,
Дали в руки номерки.

Наконец-то я в балете!
Я забыла всё на свете!

Даже три помножить на три
Я сейчас бы не смогла.
Наконец-то я в театре!
Как я этого ждала!

Я сейчас увижу фею
В белом шарфе и венке.
Я сижу, дышать не смею,
Номерок держу в руке.

Вдруг оркестр грянул в трубы!
Мы с моей подругой Любой
Даже вздрогнули слегка.
Вдруг вижу — нету номерка.

Фея кружится по сцене —
Я на сцену не гляжу.

Обыскала все колени —
Номерка не нахожу.

Может, он
Под стулом где-то?
Мне теперь
Не до балета!

Всё сильней играют трубы,
Пляшут гости на балу,
А мы с моей подругой Любой
Ищем номер на полу.

Укатился он куда-то...
Я в девятый ряд ползу.
Удивляются ребята:
— Кто там ползает внизу?

По сцене бабочка порхала —
Я не видала ничего:
Я номерок везде искала
И наконец нашла его.

Но тут как раз зажёгся свет,
И все ушли из зала.
— Мне очень нравится балет, —
Ребятам я сказала.

# Он был совсем один

Один щенок
Был одинок,
Бродил он
Неприкаянно.
И наконец
Решил щенок:
«Найду себе
Хозяина!

С утра собаки
Всех пород
С людьми
Выходят из ворот.
С людьми
Побыть мне хочется!
Зачем мне
Одиночество?
В каком-то
Дворике пустом
Один остался
С детства я...»

И стал щенок
Мечтать о том,
Как будет он
Вилять хвостом,
Хозяина
Приветствуя.

И вот щенок
Пустился в путь.

Бежал он
За прохожими,
Но хоть спросил бы
Кто-нибудь:
«Ты что
Такой встревоженный?»

Нет, у людей
Свои дела:
Куда-то школьница
Прошла,
Прошли два длинных
Паренька...

Никто не смотрит
На щенка.
И, грустный,
Озабоченный,
Бежит он
Вдоль обочины.

Малыш
В коляске
Катится!
Малыш
В пушистом
Платьице.
Наверно, он
Возьмёт
Щенка?!
Нет, он улёгся
Спать пока.

Бежит девчонка,
Что-то ест.
Щенок — за ней!
Она — в подъезд!

Тоска
Напала
На щенка...
Догнал он
Деда, старика.
Но и у деда
Много дел,
Он на щенка
Не поглядел.

И так расстроился
Щенок,
Что он завыл
Отчаянно:
«Я одино-о-ок,
Я одино-о-о-ок,
Не нахожу-уууу
Хозяина!..»

Как вдруг
Увидели щенка
Две девочки,
Две Катеньки,
Они зовут
Издалека:
— Иди сюда,
Кудлатенький!

Одна кричит,
Всплеснув рукой:
— Ты нужен мне
Как раз такой!
Другая бросилась
К нему:
— Дай лучше я
Тебя возьму!

— Кудлатенький!
— Косматенький! —
Его ласкают
Катеньки.

Обнюхал девочек
Щенок,
Как завизжит
Отчаянно...
Сдержать он
Радости не мог:
Вдруг сразу —
Два хозяина!

# Катя

Мы целое утро
Возились с ростками,
Мы их посадили
Своими руками.

Мы с бабушкой вместе
Сажали рассаду,
А Катя ходила
С подругой по саду.

Потом нам пришлось
Воевать с сорняками,
Мы их вырывали
Своими руками.

Таскали мы с бабушкой
Полные лейки,
А Катя сидела
В саду на скамейке.

— Ты что на скамейке
Сидишь, как чужая? —
А Катя сказала:
— Я жду урожая.

# Скворцы прилетели

Ждёт гостей высокий клён —
Дом на ветке укреплён.

Краской выкрашена крыша,
Есть крылечко для певцов…
В синем небе щебет слышен —
К нам летит семья скворцов.

Мы сегодня встали рано,
Ждали птиц ещё вчера.
Ходит по двору охрана,
Гонит кошек со двора.

Мы скворцам руками машем,
Барабаним и поём:
— Поживите в доме нашем!
Хорошо вам будет в нём!

Стали птицы приближаться,
Долетели до двора,
Не смогли мы удержаться,
Хором крикнули: — Ура!

Удивительное дело:
Всё семейство улетело!

# Обида

Моей сестрёнке двадцать дней,
Но все твердят о ней, о ней:
Она всех лучше, всех умней.

И слышно в доме по утрам:
— Она прибавила сто грамм!
Ну девочка, ну умница!

Она водички попила —
За это снова похвала:
— Ну девочка, ну умница.

Она спокойно поспала:
— Ну девочка, ну умница.

А мама шепчет: — Прелесть! —
В восторге от Алёнки. —
Смотрите, разоделись
Мы в новые пелёнки!

— Смотрите, мы зеваем,
Мы ротик разеваем! —
Кричит довольный папа.
И он неузнаваем —

Он всю цветную плёнку
Истратил на Алёнку.

Я гвоздь в сарае забивал,
И то не слышал я похвал!

Обиду трудно мне скрывать,
Я больше не могу.
И вот я тоже лёг в кровать
И стал кричать: — Агу!

Взглянул мой папа на меня:
— Ты что вопишь средь бела дня?

Тогда я лёг лицом к стене,
И ждал я нахлобучки.
Вдруг мама бросилась ко мне:
— Давай возьму на ручки?

А я в ответ: — Я не грудной!
Ты просто так побудь со мной.

# Бестолковый Рыжик

Как воспитывать щенков,
Знаю я из книжек,
Но ужасно бестолков
Годовалый Рыжик.

Каждый день учу щенка —
Достижений нету!
Невоспитанным пока
Ходит он по свету.

Сахар сразу он берёт,
Очень любит ласку,
А скомандуешь «Вперёд!» —
Лезет под терраску.

Нарисованный щенок
В книжке, на обложке,
Нарисованный щенок
Спит в объятьях кошки.

Рыжик к дружбе не готов —
Он рычит на всех котов.
Очень жаль, что Рыжик
Не читает книжек.

# Твои сны

Перед тем как спать ложиться,
Ты заказываешь сон.
Ну, пускай тебе приснится
Сон из рыцарских времён.

Ты в панцире закован,
В руке ты держишь меч,
Ты ради сна такого
Согласен раньше лечь.

Вот ты плывёшь в подлодке,
А вот на льду медведь,
Но этот сон короткий,
В нём нечего смотреть.

Перед тем как спать ложиться,
Ты заказываешь сон.
Например, пускай приснится,
Будто выпущен закон,

Что теперь по всем предметам
Можно ставить только пять.
Этот сон, пожалуй, надо
На неделю заказать.

Пусть пока другие сны
Будут все отменены.

# Вот так защитник!

Я свою сестрёнку Лиду
Никому не дам в обиду!
Я живу с ней очень дружно,
Очень я её люблю.
А когда мне будет нужно,
Я и сам её побью!

# За цветами в зимний лес

Никому не верится:
Чудо из чудес —
За цветами де́вица
Ходит в зимний лес.

Он стоит не в зелени,
Как в июльский зной,
Он, снежком побе́ленный,
Блещет белизной.

Но смеётся девица:
— Если вам не верится,
Показать могу
Яркий кустик вереска
Прямо на снегу.

Летом он не ценится, —
Скромное растеньице!

Но зато как весело
Увидать самой
Огонёчек вереска
На снегу зимой!

# Я знаю, что надо придумать

Я знаю, что надо придумать,
Чтоб не было больше зимы,
Чтоб вместо высоких сугробов
Вокруг зеленели холмы.

Смотрю я в стекляшку
Зелёного цвета,
И сразу зима
Превращается в лето.

# Было у бабушки сорок внучат

В огороде, в огороде
Вот беда —
Появилась, поселилась
Лебеда.

Бабка ахнула:
— Поди-ка,
И не видно,
Где клубника!

Я повыдергаю тра́ву,
Уничтожу лебеду,
На неё найду управу —
Сорок внуков приведу!

Сорок внуков, ровно сорок,
Засучили рукава:
— С ней расправишься не скоро —
Ох и цепкая трава!

Но повыдергали
Тра́ву,
Поработали
На славу.

Бабка ахнула:
— Поди-ка!
Ишь какая благодать!
Только где
Моя клубника?
Что-то ягод
Не видать!

# Пёстрый барабанщик

На цепи сидит щенок
И скулит, бедняга:

Не уйдёшь... Запрещено...
Никуда ни шага...

На цепи сидит щенок,
Но не так он одинок —
У него есть друг-приятель.
Это дятел! Пёстрый дятел!

Прилетает он к щенку
Разгонять его тоску.

Прилетает на заре
И с утра пораньше
Барабанит по коре,
Барабанит по коре,
Будто барабанщик.

Пёстрый, с розовым брюшком,
Барабанит над щенком,
Барабанит над щенком...

Лает радостно щенок:
Мол, спасибо, дятел!
Без тебя бы я не мог,
Я с тоски бы спятил!

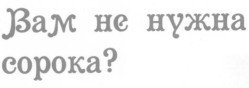

# Вам не нужна
# сорока?

Вам не нужна сорока,
Сорока без крыла?
Она у нас два срока —
Два месяца жила.

Её нашли в июне,
Её назвали Дуней.

Скакала, как зайчонок,
Сорока по траве,
Любила у девчонок
Сидеть на голове.

Она однажды ложку
Стащила со стола,
Но, поиграв немножко,
Андрюше отдала.

Он был её любимцем,
Андрюша Челноков,
Она ему гостинцы
Носила — червячков.

Мы к ней привыкли очень,
А Дуня, в тихий час,
Твердила по-сорочьи:
«Скучаю я без вас...»

Но осень, осень скоро,
В саду желтеет лист,
Уже уехал в город
Володя-баянист.

И мы уедем... Осень...
Но как мы Дуню бросим?
Она у нас два срока —
Два месяца жила...
Вам не нужна сорока,
Сорока без крыла?

# Уехали

Щенка кормили молоком,
Чтоб он здоровым рос.
Вставали ночью и тайком
К нему бежали босиком —
Ему пощупать нос.

Учили мальчики щенка,
Возились с ним в саду,
И он, расстроенный слегка,
Шагал на поводу.

Он на чужих ворчать привык,
Совсем как взрослый пёс,
И вдруг приехал грузовик
И всех ребят увёз.

Он ждал: когда начнут игру?
Когда зажгут костёр?
Привык он к яркому костру,
К тому, что рано поутру
Труба зовёт на сбор.
И лаял он до хрипоты
На тёмные кусты.

Он был один в саду пустом,
Он на террасе лёг.
Он целый час лежал пластом,
Он не хотел махать хвостом,
Он даже есть не мог.

Ребята вспомнили о нём —
Вернулись с полпути.
Они войти хотели в дом,
Но он не дал войти.

Он им навстречу, на крыльцо,
Он всех подряд лизал в лицо.
Его ласкали малыши,
И лаял он от всей души.

# Весенняя гроза

Черёмуха, черёмуха
В овраге расцвела.
Черёмуха, черёмуха
Стоит белым-бела.

Ходили за черёмухой
Девчонки вчетвером,
Да оборвать черёмуху
Им не позволил гром.

Сначала он не полный,
Не полный подал голос,
Потом от жёлтых молний
Всё небо раскололось.

Всё громче, громче слышится,
Гремит через огонь:
«Черёмуху, черёмуху,
Черёмуху не тронь!»

# Я с погодой не в ладу

Я с погодой не в ладу:
Поливать цветы иду,
Стоит клумбу мне полить,
Начинает ливень лить!

Сам в себя прийти не может,
Сад становится рекой…
Для чего же, для чего же
Поливала я левкой?

Я с погодой не в ладу,
Надо мне иметь в виду:
Чтобы ливень начал лить,
Побегу цветы полить…

## Стали грамотными

Давно ль
Читали мы
С трудом:
«До-мик. Дом.
Ми-ша мил.
Ми-ша мал.
Ми-ша дом сло-мал».

Давно ль мы звали маму
И впервые сами
Вслух читали маме:
«Ма-ма мы-ла ра-му».

Прошёл ноябрь,
Декабрь, январь —
И одолели мы
Букварь.

Поздравил нас
Десятый класс —
Вот нам какая честь!
Гостям решили мы рассказ
Про белочку прочесть.

Но от волненья
Я прочла,
Что в клетке
Булочка жила!

# Песенка птиц

Идут домой из школы
Четыре ученицы.
Им песенку весёлую
Насвистывают птицы.

«Шестью восемь — сорок восемь», —
Распевают снегири,
Воробьи с высоких сосен
Повторяют: «Трижды три».

Несут домой тетрадки
Четыре ученицы,
Там цифры в беспорядке,
Зачёркнуты страницы.

Два чижа сидят на ветке.
«Покажи, — поют чижи, —
Покажи свои отметки,
Все тетрадки покажи».

Бегут по переулку
Четыре ученицы:
— Мы вышли на прогулку,
А нас прогнали птицы!

«Трижды три!» — кричат вороны.
«Повтори!» — кричат вороны.
«Пятью пять! — галдят грачи. —
Арифметику учи!»

# Содержание

## Стихи
## для самых маленьких

### Игрушки

# Я расту

Литературно-художественное издание
ДЛЯ ДЕТЕЙ ДО ТРЕХ ЛЕТ
Серия «Все лучшие сказки»

Барто Агния Львовна
**ЛУЧШИЕ СТИХИ**

Художники: И. Якимова, И. Зуев

Ответственный редактор М. А. МЕЛЬНИЧЕНКО
Художественный редактор М. В. ПАНКОВА
Технический редактор Е. О. ЛУНЕВА
Корректор Л. А. ЛАЗАРЕВА
Верстка А. А. КОМАРОВСКОГО

Подписано в печать 01.02.19. Формат 84×108 $^1/_{16}$.
Бумага офсетная. Печать офсетная. Усл. печ. л. 13,44.
ID 23684. Заказ № 4953.

ООО «РОСМЭН».
Почтовый адрес: 127018, г. Москва, ул. Октябрьская, д. 4, корп. 2. Тел.: (495) 933-71-30.
Юридический адрес: 117465, г. Москва, ул. Генерала Тюленева, д. 29, корп. 1.

*Наши клиенты и оптовые покупатели могут оформить заказ,
получить опережающую информацию о планах выхода изданий
и перспективных проектах в Интернете по адресу:* **www.rosman.ru**

ОТДЕЛ ПРОДАЖ:
(495) 933-70-73; 933-71-30;
(495) 933-70-75 (факс).

Дата изготовления: март 2019 г.
Отпечатано в России.
В соответствии с Федеральным законом
№ 436-ФЗ от 29 декабря 2010 года маркируется знаком 6+

Отпечатано с электронных носителей издательства.
ОАО «Тверской полиграфический комбинат».
170024, г. Тверь, пр-т Ленина, 5.

Әдеби-көркем басылым
3 жасқа дейінгі балаларға арналған
Өндірілген күні: наурыз 2019.
Ресейде басылған.
Өндіруші: «РОСМЭН» ЖШҚ, Ресей, 117465, Мәскеу,
Генерал Тюленев көшесі, 29-үй, 1-корпус.
Наразылықтарды қабылдауға уәкілетті тұлға: «РОСМЭН» ЖШҚ.
Пошталық мекен-жайы: Ресей, 127018, Мәскеу, Октябрьская көшесі, 4-үй, 2-корпус.
Телефон: +7 (495) 933-71-30.
www.rosman.ru
Заңды мекен-жайы: Ресей, 117465, Мәскеу, Генерал Тюленев көшесі, 29-үй, 1-корпус.
Тауар сертификатталған. КО ТР 007/2011 сәйкес келеді.

**Барто, Агния Львовна.**
Б264  Лучшие стихи / А. Л. Барто ; худож. И. Якимова, И. Зуев. — М. : РОСМЭН,
2019. — 128 с. : ил. — (Все лучшие сказки).

Легко запоминающиеся, веселые, ритмичные, стихи Агнии Барто неизменно радуют и самых маленьких детей, и тех, кто постарше. В этот сборник вошли ее самые знаменитые стихотворения: «Резиновая Зина», «Машенька», цикл «Игрушки», «Я выросла», «Любочка», «Стали грамотными», «За цветами в зимний лес» и многие-многие другие.

ISBN 978-5-353-07868-5

УДК 821.161.1-1-93
ББК 84(2Рос=Рус)6